AF225152
AF225152